Register.

Verkooping der
Schilderijen van den Heere
       H. Wolters   4 Mey 1757.
       den Kunstkoo,,
       per Wannaar
       en anderen   17
       by een Inboedel   17 Aug.
       van den Kunstschil,,
       der Matthaüs Terwes,,
       ten   20 Sept.
       van Onbekenden   22 Nov.
       de Wed.e van
       den Kunstkooper
       Willem Gronde,,
       stein.   30 Maart 1758.
       Onbekenden   17 April
       ~~den ...~~
       de Weduwe van
       den Heere Dirk
       Alewyn   24 April
       den Heer Lukas
       Schermer   14 Augusti

CATALOGUS

Van een extra fraay Cabinet

SCHILDERYEN.

Van ITALIAANSCHE , FRAN-
SCHE EN NEDERLANDSCHE
MEESTERS.

Nagelaaten door de HEER

H. WOLTERS.

Dewelke Verkogt zullen worden in Amſter-
dam, op Woensdag den 4 May 1757.

Door de Makelaar

EDUARD CROESE,

'sMorgens ten 9 en 's namiddags ten 3 uuren
precies; ten huyze van de Wed: *Johannes
Volbragt*, Caſtelyneſſe in de Keyzerskroon,
in de Kalverſtraat, alwaar dezelve twee da-
gen voor de Verkooping te zien zullen zyn.

*Deeze Catalogus is by de bovengemelde Ma-
kelaar te bekomen.*

Te AMSTERDAM,

By { HARMANUS van KOOTEN
EN
JAN DE CERFF,

Boekverkopers op de Nieuwen dyk, het ſesde
Huys van den Dam.

De Koopers zullen gehouden zyn,
van ieder Gulden een Stuyver op-
geld te betaalen.

CATALOGUS

VAN

SCHILDERYEN.

N. 1 Chriſtus aan het Kruys, levensgrootte,
geſchikt tot een Altaar ſtuk; zeer kragtig geſchildert, door *P. P. Rubbens*, hoog
12 voet, breet 7 voet.

2 een Italiaanſche Markt, met diverſſe
Beelden, door *Lingelbag*, hoog 21 duim
breet 2 voet 4 duim.

3 een daar Chriſtus de Slang vertreed,
door *A. van Dyk*, hoog 2 voet 3 duim,
breet 19 duim.

4 de Fabel van Erichtonius, door *G. Lai-
res*, hoog $4\frac{1}{2}$ voet, breet 4 voet.

5 een ſchets in 't graauw, door *P. P. Rubbens*, zynde het laaſte Oordeel, (is in
kooper gebragt, door *C. Viſſcher*,)
hoog 2 voet, 3 duim, breet 19 duim.

6 een uitvoerig ſtuk door *J. van der Hey-
den* en geſtoffeerd door *A. van de Vel-
de*, verbeeldende een Gezigt in een
Stad, hoog $13\frac{1}{2}$ duim, breet $15\frac{1}{2}$ duim.

7 een gezigt in een ſtad, door den zelven
en door dito geſtoffeerd, niet minder
als het voorgaande, hoog $13\frac{1}{2}$ duim,
breet $15\frac{1}{2}$ duim.

N. 8

N. 8 een Boere Kermis met veel beelden, door *Michel Angelo de la Batalje*, breet 4 voet 8 duim, hoog 3 voet 3 duim.

9 een Capitaal ftuk door *Oftade*, zynde een boere buitenhuis met veel beelden, breet 5 voet, hoog 3 voet 3 d.

10 Diogenes met zyn Lantaarn, halverlyfs levensgroote door *Charlotti*, hoog 4 voet, breet 3 voet 5 duim.

11 een fraay Muciceerend Gezelfchap met verfcheide beelden, door *P. de Hooge*, breet 4 voet, hoog 3 voet.

12 een Hiftorie, verbeeldende Jupiter en Juno, door *J. Voorbout*, breet 4 voet 3 duim, hoog 3 voet.

13 een out Man zynde een Kluyzenaar, zeer uitvoerig gefchildert, door *G. Schalke*, hoog 2 voet 5 duim, breet 1 voet 9 duim.

14 Het laafte Oordeel, door *van Baalen*, hoog 26 duim, breet 20 duim.

15 een Vrouwtje, zynde een Kaarslicht, door *G. Douw*, hoog 11½ duim, breet 10 duim.

16 een ftuk met kindertjes, verbeeldende een Vanitas, in couleur gefchildert, door *J. de Wit*, hoog 4 voet 3½ duim, breet 3 voet 2½ duim.

N. 17

N.17 een Vis Boer, halverlyfs leevensgroote, met een vlootje met vis voor hem, kragtig gefchildert, door *Rembrandt*, hoog 4 voet, breet 3 voet.

18 De Bethlehemfe Kindermoort, met veel Figuuren, door *H. Verfchuering*, breet 2 voet 5 duim, hoog 2 voet.

19 een fraai en uitvoerig Landfchap, zeer rykelyk geftoffeerd, door *J. Both*, hoog 4 voet 5 duim, breet 4 voet 9 duim.

20 de Brand van Troijen, door *J. Voorhoud*, breet 4 voet, hoog 2 voet 8 duim.

21 een, daar de Herders koomen het kind Jezus aanbidden, door *S. C. Schut*, hoog 4 voet 3 duim, breet 3 voet 8 duim.

22 een Hiftorieftuk, met veel Beelden, door *J. Voorhout*, breet 4 voet, hoog 2 voet 9 duim.

23 een Schoorfteenftuk, in 't graauw basrelief, reflecterende op de Negotie, door *A. Elliger*.

24 een oude Vrouwehoofd, zeer uitvoerig, door *B. Denner*, hoog $19\frac{1}{2}$ duim, breet $15\frac{1}{2}$ duim.

25 een woelende Zee met verfcheide Scheepen, zynde een Gezigt in Zeeland, door *S. de Vlieger*, breet 6 voet, hoog 4 voet.

26 een Ryngezigtje met verfcheide Vaartuigen, door *H. Zaftleeven*, breet 1 voet, hoog $8\frac{1}{2}$ duim.

A 3

N.27

N. 27 Lot met zyn Dochters, door *D. Vertange*, breet 20 duim, hoog 14 duim.

28 een fraay Landschap, door *Pynakker*, hoog 16 duim, breet 12 duim.

29 Het Bad van Diana met verscheide Beelden, door *D. Vertange*, breet 12 duim, hoog 10 duim.

30 een zeer fraay en uitgevoert Hofgezigt, door *J. de Moucheron*, breet 4 voet, hoog 3½ voet.

31 een Arkadisch Landschap, door *Glouber*, breet 6 voet, hoog 5 voet.

*31 een Man die Hoenders verkoopt, en verder bywerk, door *J. Voorhoud*, hoog 17 duim, breet 15 duim.

32 een Bosgezigt met Capelle, Slang en een Hagedis, leggende op de Voorgrond, door *O. Marcelis*, hoog 22½ duim, breet 19 duim

33 een stuk, met een witte Haan en Hennen, door *M.* de *Hondecoeter*, breet 34½ duim, hoog 32 duim.

34 een Koperslagers Winkel, met veel bywerk, door *T. Wyk*, hoog 12½ duim, breet 13 duim.

35 een Haringvrouwtje en verder bywerk, door *J. Voorhoud*, hoog 16 duim, breet 14 duim.

36 een Historie uit Ovidius, door *T. Vertange*, breet 13 duim, hoog 10 duim.

N. 37 een fraay Bloemſtuk, teder geſchildert door *Vander Elſt*, hoog 30 duim, breet 25 duim.

38 een rookende Boer, door *D. Teniers*, hoog 11½ duim, breet 8 duim.

39 een Boer dewelke een Kies word uitgetrokken, en verder by werk, door *Toornvliet*, hoog 14½ duim, breet 11½ duim.

40 een Vrouwtje die groente verkoopt, door *J. Voorhoud*, hoog 16 duim, breet 14 duim.

41 een Boſchgezigt, door *J. Ruysdaal*, breet 29½ duim, hoog 23 duim.

42 een fraay Stilwater met verſcheide Scheepen, door *A. Siloo*, (zynde het beſte dat van hem gezien is) breet 2 voet 2 duim, hoog 16 duim.

43 een woelend Water, door dito, groot als het voorgaande.

44 een Mans Pourtrait, zeer uitvoerig geſchildert door *B. Denner*, hoog 16 duim, breet 14 duim.

45 een Binnehuis, waar in een Vrouw is leggende op haar knien, ſchuurende een kopere Keetel, door *T. Wyk*, hoog 13 duim, breet 15 duim.

46 een Boer en een Boerin met een Vogelkooy, door *Toornvliet*, hoog 13 duim, breet 11½ duim.

A 4

N. 47

N. 47 een fraay Landſchap met beeſten, door
    M. Carré (in zyn beſte tyd) breet 22
    duim, hoog 1 7½ duim.

48 een dito, van dezelve, hoog en breed als
    het voorgaande.

49 een vrolyk en plaiſant Landſchap, door
    de oude *Dalens*, br. 29 duim, hoog 20 d.

50 de Vertrooſting van den Engel aan Ha-
    gar, door *J. Voorhoud*, hoog 19 duim,
    breet 15 duim.

51 Apollo en Daphne, door dito, hoog 2
    voet, breet 1 voet 8 duim.

52 een Pleyſterplaats, van *Wouwerman.*

53 een Plundering van dito.

54 een Landſchap, van *Pynakker* en geſtof-
    feerd door *A. van de Velde.*

55 een Groenmarkt met veel beelden, waar
    onder Diogenes met zyn Lantaarn,
    zoekende na Menſchen, zeer uitvoe-
    rig door *J. Victor*, breet 5½ voet, hoog
    4½ voet.

56 een Landſchap met beeſten, door *K. du*
    Jardin, Rome 1677.

57 een dito, door dito.

*57 De Kinderen Iſraels om het gulde Kalf
    danſſende, door *P. Olievo*, zeer uitvoe-
    rig op kooper.

58 een ruſt in de vlugt naar Egypte, op kooper.

N. 59

N.59 Twee Vrolyke Gezelſchappen, door *Brakenburg*.

60 Het Pourtrait van *van Peene*, zeer fraaige-ſchildert.

61 Het Pourtrait van de Schilder *Domer*, zynde een Borſtſtuk levensgrote, door *Rembrant*.

62 Het Pourtrait van *La Loze*, zynde ge-weeſt een voornaam Harlequin.

63 De Onthoofding van Johannes, door *Bramer*,

64 een woelende Zee, zynde een Gezigt op Rammekes, door *Capelle*.

65 een Landſchap met beeſten, door *K. du Jardin*, in Romen geſchildert.

66 een dito, zynde een weerga.

67 De Schaking van Proſerpyn door Pluto, door *J. Voorhoud*.

68 een Vrouwtje met een Kind op haar ſchoot en verder bywerk, door dito.

69 een Plyſterplaats, door *H. Cuyp*.

70 een Stuk, waar in verbeeld is: daar Menno Simons disputeert met een Krygsman, door een goed Meeſter.

71 een Stuk met Vrugten, als Druyven, Meloenen, Peeren en Granaatappe-len, door *M. A. de la Batalje*.

N72 een Landſchap met beeſten , gaende
door het waater; door *K. du Jardin.*

73 een dito, daar een Ezel belaaden word,
door dito.

74 een Vrouwtje die een Geyt Melkt, door
dito.

75 een Landſchap waar in een Jonge ſpeeld
met een Hond, door dito.

76 een Landſchap met beeſten , door
Klomp.

77 een Landſchap met Beeſten , door dito.

78 een Tafel met Vrugten, door een goed
Meeſter.

*78 een Landſchap van *J. Ruysdaal.*

79 een ſtuk , zynde een Orfeus met verſcheide Dieren, door *J. Savery.*

80 een Heer aan Tafel zittende , dewelke
Vrugten gepreſenteerd word door een
Juffrouw, door *Toornvliet.*

81 een Hiſtorie uit Ovidius, op koper geſchildert door een goed Meeſter.

82 Maria met het Kindje op de Wolke, door
H. S.

83 een Herderin , door *G. Flink.*

84 een Spaans Gezelſchap, door *vander Kodde.*

85 een Landſchap, door *J. Ruysdaal.*

N.86

N.86 twee Boere Gezelſchappen, door *K. Mo-*
 lenaar.

87 een Stilwater, door *Capelle.*

88 een Landſchap, door *J. Wynands.*

89 een Heygezigtje, door *J. van Gooien.*

90 een Landſchap, op koper, door *Boude-*
 wyns en *Schovaars.*

91 een dito zynde een weerga.

92 een Boereſtukje, door *J. M. Molenaar.*

93 twee Landſchappen, door *Vinkeboom.*

94 een Landſchap met Beeſten, door *M.*
 Carré.

95 twee Landſchappen, door *Molyn.*

96 twee Teekeningen met waterverf in
 zwarte Lyſten.

97 een Bloemſtuk, door *Boſchaart.*

98 Jupiter en Juno, zeer ſtout geſchildert
 door een Italiaans Meeſter.

99 een Keukenſtuk, met veel bywerk, door
 Lange Pier.

100 twee zinnebeeldige Stukjes, door *J.*
 Voorhoud.

101 Pomona en Vertumnus, door *Lubeniski.*

102 een Spaans Gezelſchap, door *D. Hals.*

N.103

N. 103 twee Landfchappen, zynde een Maane-
fchyn, en een Morgenftond.

104 Chriftus komende by Maria, door een
oud Meefter.

105 een Landfchap en een Stilleven, door
Collaard.

106 een Thuingezicht, door *S. van Hoog-
ftraten.*

107 een Fles met Bloemen, door *D. Crop.*

108 een Landfchap met Beeften, door *Mom-
mers.*

109 een flapend Vrouwtje, zynde een kaars-
ligt, in de manier van *Schalke*, door
D. V D 1688.

110 Mercurius en Argus, door een goed
Meefter.

111 Een Herderinnetje met Bloemen op
haar fchoot.

112 een Landfchap van *J. Ruysdaal.*

113 een ftuk met Kinderen, door een Ita-
liaan.

114 een Kerk van binnen, door *E. de Witt.*

115 een Kaarslicht, in de manier van
Schalke.

116 een Haringvrouwtje, na *Douw.*

N. 117 een Hoeffmit en een Plyfterplaats, door
B. Gaal.

118 een Landfchap daar het Koorn gemaait
word, in de manier van Breugel.

119 een dito, zynde een weerga.

120 een Rots, met verfcheide Beelden, door
Breenberg.

121 een Landbatailje, door Pallemedes.

122 een dito na Hugtenburg.

123 een dito, zynde een weerga.

124 een Man met een Luyt in zyn hand, door
Honthorft.

125 een ftuk met bloemen en Vrugten.

126 een Landfchap.

127 een dito.

128 een Gezelfchap.

129 twee boere Gezelfchappen.

130 een met Vrugten, en een ander.

131 een Zeetje.

132 een ftil waater met Scheepen, door
Dubbels.

133 een ftuk met Slange en Vlinders, door
O. Marcelis.

N. 134

N. 134 Twee Ryngezichten, door *Schyndel*.

135 Twee dito, door dito.

136 een Rencontre.

137 een Bloemſtuk.

138 De Czaar van Moscovien, door *Bonen*.

139 De Czaarin, door dito.

140 een bloemſtuk van *Boſſchaart*.

141 het Pourtrait van zyn Hoogheid, in zyn jonge Jaaren.

142 een rokende boer, na *Teniers*.

143 een Landſchap.

144 Jupiter en Juno, zynde geſchikt tot een Schoorſteen ſtuk.

145 een Hiſtorie uit Ovidius, tot dito.

146 een Vaas met bloemen, tot dito.

147 een bloemſtuk, tot dito.

148 een Pot met Vrugten, tot dito.

149 een bad van Diana, tot dito.

150 Apollo en Daphne, tot dito.

151 een Vaas met bloemen, tot dito.

152 een Bachenaal, tot dito.

153 een Hiſtorie uit Ovidius, in een Vergulde Lyſt.

N. 154

N.154 veertig ftuks diverffe Pourtretten van
Koningen en Prinfen; dewelke by
Paaren zullen werden verkogt.

155 vier en veertig ftuks, dito klynder.

156 Twee naakte Venuffen in Lyften, door
Le Blon.

157 vier dito, zonder Lyften, door dito.

158 vier dito, door dito.

159 vier dito, door dito.

160 vier dito, door dito.

161 Twee Mariaas Hoofden, door dito.

162 een uitgehakte Plank, verbeeldende
een Boer met een kan, zynde een ori-
gineel, door *Biffchop* gefchildert.

163 een dito, Harlequin, door dito.

164 een dito, met een Uyl op zyn fchouder
door dito.

165 een dito, een Man met een Lier, door
dito.

166 een dito, zynde een Jan Pottagie, door
dito.

167 een dito, zynde een Hellebardier, door
dito.

168 een dito, een Boer die een Pyp rookt,
door dito.

169 Twee dito, een Jongetje en een Meysje,
door dito.

170—171—172 &c. diverffe,

www.ingramcontent.com/pod-product-compliance
Lightning Source LLC
LaVergne TN
LVHW011510170726
843501LV00009B/3722